Y a plus de vieillesse

Georges Contamin

Éditions ART ET COMÉDIE
3, rue de Marivaux
75002 PARIS

Note sur l'auteur

En plus d'être auteur d'ouvrages divers (recueil de nouvelles, de poésie, polar…), Georges Contamin est en charge de la coordination du projet vieillissement au centre social de Bourbourg.

Y a plus de vieillesse est une comédie décalée qui pose un certain regard sur les préoccupations des nouveaux retraités et casse l'image traditionnelle du senior.

Personnages

NICOLE : retraitée, maoïste soixante-huitarde.

NORBERT : retraité, fan des Rolling Stones et du cannabis, nostalgique de Woodstock.

JACQUELINE : retraitée, mamie lunaire et lunatique.

LE MAIRE

LE DIRECTEUR DE LA MAISON DE RETRAITE

LE VOISIN

LA VOISINE

Décors

Acte I : le hall d'un immeuble.

Acte II : une maison de retraite.

Prologue

Le maire, *arrivant à la tribune*. – Mes chers administrés…
Oui, la situation actuelle est grave ! Oui, toute l'équipe municipale a conscience des problèmes qui vous concernent ! Nous
vivons actuellement un contexte particulièrement délicat : vous
m'avez interpellé à propos des nuisances que vous subissez au
quotidien. Je sens votre appréhension de plus en plus marquée.
J'ai fait preuve sans doute à un moment de trop de laxisme,
j'ai été naïf en croyant que la prévention suffisait pour obtenir
la paix dans certains quartiers. Mais aujourd'hui, ça suffit,
tout va changer. Place à la plus grande fermeté, nous serons
intransigeants. Nous ne l'avions pas été jusqu'ici ? C'était un
choix malheureux et je vais prendre les dispositions qui s'imposent ! Nous ne pouvons plus nous voiler la face, nous cacher
derrière le discours politiquement correct, celui de l'angélisme
qui nous conduit dans une impasse. On ne peut plus tolérer
toutes ces incivilités, les halls d'immeubles vandalisés et occupés
abusivement par des gens qui ne respectent plus leur voisinage,
avec toutes les nuisances qui peuvent en découler. Que veut-on
nous faire croire ? Que le fait de ne pas travailler les autorise à
toutes les dérives sous prétexte qu'ils s'ennuient ? Ce n'est pas

une excuse, d'autant plus que nous avons créé des structures pour les accueillir, investi beaucoup d'argent pour leur proposer des activités, et même si la plupart ont un comportement exemplaire, il y a toujours dans cette catégorie de la population une poignée de réfractaires pour semer le trouble, pour importuner les honnêtes citoyens qui ne demandent qu'à vivre dans le calme et la sérénité. J'avais alerté les autorités et le ministère de l'Intérieur sur ce fléau qui menaçait nos cités. Cette vague massive était prévue depuis longtemps et pourtant le pouvoir est resté sourd, et n'a pas anticipé ce problème, laissant une situation se dégrader quotidiennement. Habitants de la commune, je vous sais excédés de voir une partie de la population qui touche des revenus sans travailler et qui, de surcroît, ne respecte pas les règles nécessaires au vivre ensemble… Les plus jeunes n'osent plus sortir à la tombée du soir, de peur de croiser une de ces bandes de voyous… Aussi ai-je décidé de décréter un couvre-feu à partir de vingt-deux heures pour toute personne de plus de soixante ans.

Acte 1

Scène 1

Marie-France, Norbert

Hall d'immeuble. Une femme est assise par terre. Arrive un homme qui tient un poste à la main. On entend « Time Is On My Side » des Rolling Stones.

NORBERT. – Ça va, Marie-France ?

MARIE-FRANCE. – Bien, et toi ?

NORBERT. – Ça va. Quoi de neuf ? Du passage ?

MARIE-FRANCE. – Non, ce soir c'est calme, les flics ne sont pas encore venus m'emmerder… Une petite mousse ?

Norbert hoche de la tête, elle lui sert une canette.

NORBERT. – Pas envie d'aller faire un tour dehors ?

MARIE-FRANCE. – Non, je suis mieux dedans. Ça caille dehors !

NORBERT. – Oui, mais à propos du dedans, t'as vu que le maire veut nous empêcher de traîner dans le hall d'immeuble ?

Il a dit qu'il allait nous faire la vie dure, nous nettoyer au karcher !

MARIE-FRANCE. – Alors là, il rêve, le pécore ! De Gaulle n'a pas su me dégager de la Sorbonne avec des CRS en 68, c'est pas pour me faire virer de mon squat par cinq Playmobil municipaux !

NORBERT. – Ça y est, c'est reparti avec tes barricades ! T'en as pas marre de jouer les anciens combattants ?

MARIE-FRANCE. – Ah non ! Et même j'en suis fière, parce que pendant que monsieur fumait du haschich à Woodstock, moi je me battais contre le grand capital ! Excuse-moi d'avoir un idéal !

NORBERT. – Tiens, en parlant de chichon… *(Il sort un joint.)*… j'ai acheté celui-là aux gamins de la cité Berlioz. *(Il l'allume.)* Waouh ! Ils se sont pas payé ma tête ! Tiens, goutte.

Marie-France s'empare du joint et prend une bouffée.

MARIE-FRANCE, *après un silence*. – Oui, ça déchire grave !

NORBERT. – Au fait, t'as pas vu Robert ?

MARIE-FRANCE. – Robert ? Comment, t'es pas au courant ?

NORBERT. – Ben non, quoi ?

MARIE-FRANCE. – La fin tragique.

NORBERT. – Il est mort ?

MARIE-FRANCE. – Pire… En maison de retraite !

NORBERT. – Non ?! *(Un temps de réflexion.)* Un type de ce calibre, je ne compte pas le nombre de conneries qu'on a pu faire ensemble, si c'est pas triste ! Finir au bouillon de poule et au Scrabble… On est peu de chose quand même ! *(Il reprend une bouffée de fumée.)*

Scène 2

MARIE-FRANCE, NORBERT, NICOLE

MARIE-FRANCE. – Tiens, voilà Nicole… Ça va, ma grande ?

NICOLE. – Bien, et vous ?

NORBERT. – Ben, écoute, pas terrible… T'es au courant pour Robert ?

NICOLE. – Oui, j'ai vu la camionnette du béguinage qui venait le chercher. Ben, soixante-quinze ans quand même !

MARIE-FRANCE. – On est peu de chose !

NORBERT. – M'en parle pas ! Mais moi j'ai tout prévu…

MARIE-FRANCE. – Tout prévu quoi ?

NORBERT. – Une capsule de cyanure. Si mes rejetons veulent me foutre au mouroir, hop, j'avale !

NICOLE. – Du cyanure ? Mais t'es complètement fou !

NORBERT. – Ils verront, les morveux, que papy c'est un fondu !

Nicole. – Norbert, ne fais pas ça, jure-moi que tu ne le feras pas.

Norbert. – Et comment que je le ferai !

Marie-France. – T'affole pas, Nini, le cyanure ne suffira pas !

Norbert. – Pourquoi ?

Marie-France. – Ben, quand on a survécu à quelqu'un d'aussi toxique que ton ex-femme, le cyanure c'est un bonbon au miel ! Pénible comme elle était, elle était taillée pour être trois fois veuve ! Et tu as réussi à lui survivre ! Norbert, c'est un coriace !

Norbert. – Bon, tu laisses Marthe tranquille ! Je n'embête pas Nicole avec ses petits-enfants, moi !

Nicole. – Quoi, mes petits-enfants ?

Marie-France. – C'est vrai que dans le genre pénible, les gamins de ta fille, c'est pas mal non plus !

Nicole. – Ben, figure-toi que mes petits-enfants si pénibles, comme tu dis, ben moi, je les trouve très gentils. D'ailleurs, le petit Romuald m'a envoyé un seumeusse ce matin.

Marie-France. – Un quoi ?

Nicole. – Ben, un seumeusse !

Marie-France. – Un seumeusse ?

Nicole. – Ben oui, un message sur mon téléphone sans fil.

Marie-France. – Ah ! un SMS !

Nicole. – Ben oui, quoi, un seumeusse !

MARIE-FRANCE. – Comme par hasard à quinze jours de Noël.

NICOLE. – Il a écrit : « Gros bisous à ma mamie pruneau » !

MARIE-FRANCE. – Mamie pruneau ?

NICOLE. – Ben oui, ils m'appellent comme ça. C'est gentil, non ?

MARIE-FRANCE. – Ben, je ne sais pas si j'aimerais, mais pourquoi « mamie pruneau » ?

NICOLE. – Je ne sais pas.

NORBERT. – Pourtant, c'est évident !

MARIE-FRANCE. – Ah bon ?

NORBERT. – Ben oui, un pruneau, c'est plein de rides et ça fait chier !

NICOLE, *riant, puis réalisant.* – Oh !!! Les petits cons !!! *(Elle reprend son téléphone et tape sur les touches énergiquement.)* Allô ! Romuald ?… Oui, dis-moi, Romuald, le surnom de mamie pruneau, c'est une idée de papa ?… Bon, eh ben dis d'abord à papa que j'ai qu'une seule ride et que je suis assise dessus, et cette année pour le séjour à Val-d'Isère qu'il ne compte pas sur moi pour garder ta petite sœur, qu'il demande à mamie Airwick ! *(Elle raccroche.)*

NORBERT, *sifflant d'admiration.* – T'y as été fort, mais je dis chapeau ! C'est qui mamie Airwick ?

NICOLE. – La mère de mon beau-fils.

NORBERT. – Pourquoi Airwick ?

NICOLE. – Parce qu'avec ses grands airs, je suis sûre que quand elle pète, elle croit que ça sent la rose !

NORBERT. – Tiens, fume, ça va te détendre !

NICOLE. – Qu'est-ce que c'est ?

MARIE-FRANCE. – Euh… des herbes de Provence.

NICOLE, *inhalant la fumée, puis en pleurant.* – Mamie pruneau, mamie pruneau, je t'en foutrais… Oh ! *(Elle rit.)* En même temps, c'est rigolo, non ? *(Elle part en fou rire.)*

NORBERT. – Tu ne serais pas un peu cyclothymique ?

NICOLE. – Cy… quoi ?!

NORBERT. – Cyclot…

MARIE-FRANCE. – Cha veut dire un coup teu braye un coup teu braye pu, teu ché nin che teu veux ko !

NICOLE. – Ah ! d'accord ! Cyclothymique, quoi !

MARIE-FRANCE, *à Norbert.* – J'ai toujours pensé qu'il y avait plusieurs personnes dans sa tête, c'est son problème.

NORBERT. – Non, son problème c'est que les gens dans sa tête ne sont jamais d'accord entre eux. Bon, allez, musique !

Musique : « Paint It Black » des Rolling Stones.

Scène 3

Marie-France, Norbert, Nicole, le voisin

Le voisin apparaît, manifestement excédé.

Le voisin. – Excusez-moi, mais il y a des gens qui bossent dans cet immeuble et qui aimeraient bien dormir, alors vous allez baisser votre tintamarre !

Norbert, *agressif*. – Les Rolling Stones, du tintamarre ? Non, mais tu sais ce qu'il te dit Keith Richards, petit con ?

Marie-France. – Calme-toi, Norbert… Dis donc, toi, c'est juste parce que tu bosses qu'on ne doit plus faire de bruit ? Ça veut dire que sous prétexte d'aller trimer tous les jours, tu as le droit de décider qui peut être bruyant ?

Le voisin. – Mais, moi, je me lève tôt ! Et pour payer vos retraites, en plus !

Norbert. – Pour ce que je touche, tu peux rester au lit !

Marie-France. – Non, mais voilà, le cas typique du petit-bourgeois : parce que monsieur travaille, il a le droit de nous prendre de haut ! Je ne te dis rien, moi, quand le matin en hiver tu laisses tourner le moteur de ta voiture, même que ça me prive de ma grasse matinée, et je ne viens pas râler, mais toi, mon bonhomme, fais gaffe à toi, parce qu'en France, entre retraités, chômeurs et autres glandeurs, on représente plus de 55 % de la population, et on devrait se soumettre aux diktats d'une minorité sous prétexte qu'elle a l'obligation de se lever tôt ?… Ben moi, je ne travaille plus et je m'autorise à faire ce que je veux, comme traîner dans ce hall d'immeuble ! Il est interdit d'interdire !!!

NORBERT. – Ça y est, le moulin à slogans soixante-huitards est reparti !

MARIE-FRANCE. – Toi, ça va ! Écoute ton tintamarre et arrête de nous casser les pieds ! Quant à vous, monsieur le travailleur respectable, puisque vous vivez du fruit de votre travail, ça vous laisse les moyens de vous payer des boules Quies !

LE VOISIN. – Non, mais je ne le crois pas ! Et c'est pour des gens comme ça qu'on paye des impôts !

NORBERT. – Fais gaffe, ils parlent de créer de nouveaux impôts, et là tu risques de payer l'ISC !

NICOLE. – C'est quoi l'ISC ?

NORBERT. – L'impôt sur la connerie !

LE VOISIN. – Bon, c'est décidé : j'appelle les flics.

NICOLE, *se redressant*. – Mort aux vaches !!! *(Elle reste suspendue et ne bouge plus.)*

NORBERT. – Ben, on dirait mon ordinateur : elle a fait un bug… J'avais dit que ce haschisch était trop puissant, elle n'est pas habituée !

LE VOISIN. – Parce qu'en plus, vous fumez de la drogue ? C'est complet !

MARIE-FRANCE. – Tu devrais essayer, c'est un excellent somnifère et ça détend.

NORBERT. – Ça détend, ça dépend ; pas Nicole en tout cas !

MARIE-FRANCE. – Ben oui, elle est toute raide, on dirait ton ex-femme… Oh ! Nicole ! Tu chies dans la colle ! *(Au voisin.)*

Ben, ne restez pas là, vous, et au lieu d'appeler les flics, faites le numéro du SAMU !

LE VOISIN, *claquant la porte.* – Non, mais quel toupet !

Scène 4

MARIE-FRANCE, NORBERT, NICOLE

NORBERT, *tapotant les joues de Nicole.* – Ho ! Nicole, tu m'entends ?

NICOLE, *revenant à elle.* – Ben oui, je t'entends ! Qu'est-ce qu'il y a ?

NORBERT. – T'as fait une absence !

NICOLE. – Ben non, je réfléchissais !

MARIE-FRANCE. – Excuse-nous, on n'est pas habitués, mais à l'avenir, préviens ! On ne t'avait jamais vue réfléchir !… Et à quoi tu réfléchissais ?

NICOLE. – Au fait qu'on reste là à rien faire. Ce serait peut-être bien qu'on ait des activités, qu'on s'inscrive à un club, enfin qu'on fasse des choses de notre âge.

NORBERT. – Des choses de notre âge ?

NICOLE. – Ben oui, de notre âge !

NORBERT. – Comme quoi ?

NICOLE. – Je ne sais pas, aller à des thés dansants, jouer au Scrabble au club des aînés, faire de la…

MARIE-FRANCE, *l'interrompant*. – Nicole, tu chies dans la colle ! Quand tu fumes, ça te met des trucs comme ça en tête ? Finalement, c'est là que je me rends compte que le haschich, ça peut être dangereux.

NICOLE. – Non, mais c'est vrai, on n'a jamais voulu fréquenter le club des anciens, sans savoir si on s'y amusait…

MARIE-FRANCE. – Tu sais, c'est pas là-bas que tu fumeras l'herbe à Norbert.

NICOLE. – Non, mais on ne sait pas, si ça tombe, ils s'amusent bien aussi, à la maison de retraite !

NORBERT. – T'as raison, Marie-France : j'arrête de fumer cette merde, c'est dangereux ! Nicole ? T'as perdu la boule ?

NICOLE. – Mais, Norbert, pourquoi on ne veut pas y aller ? Ça vous fait tellement peur de vieillir ?

MARIE-FRANCE. – De vieillir non, mais de m'emmerder oui !

NICOLE. – Il paraît que les personnes ne sont pas si mal là-bas.

NORBERT. – Oui, et il paraît que les cochons ne sont pas si mal que ça dans les charcuteries. Non, mais tu te vois à ton âge boire de la tisane en attendant un épisode de « Derrick » ?

NICOLE. – Parce que vous trouvez que traîner dans un hall d'immeuble, c'est une vie palpitante ?

MARIE-FRANCE. – Non, mais au moins ici on nous fout la paix et puis…

NICOLE. – Et puis quoi ?

MARIE-FRANCE. – Et puis, et puis rien, juste Nicole, tu chies dans la colle !

NORBERT. – En tout cas, moi, je suis mieux ici. Si j'avais les moyens, je glanderais bien sur une plage des Bahamas, mais vu la retraite que me laisse… *(Il lève la voix en direction de l'appartement du voisin.)*… le glandu d'à côté, j'irai pas plus loin que le camping de Cappelle-Brouck !

NICOLE. – Mais y a pas de camping à Cappelle-Brouck !

NORBERT. – Raison de plus pour rester ici ! Et puis c'est quoi ce besoin de mettre ensemble les gens sous prétexte qu'ils sont pareils ? Les immigrés dans les banlieues, les handicapés dans les foyers, les vieux dans les maisons de retraite… y a que les cons qu'on n'oblige pas à vivre ensemble !

MARIE-FRANCE. – Impossible, y aura jamais un endroit assez grand ! Dis-moi, Nicole, tu y penses un peu, la maison de retraite, c'est comme la prison… et encore, la prison, des fois, on en sort vivant !

NICOLE. – En fait vous n'y allez pas parce que ça vous fait peur ! Mais la mort, on n'a pas à en avoir peur, on est jeunes, quoi ! Regardez le père Bourrier, quatre-vingt-quinze ans, ça nous laisse l'espoir de croire qu'on sera encore là dans trente ans !

MARIE-FRANCE. – Oui, mais le père Bourrier, à son âge, il a surtout peur de ne pas mourir.

NICOLE. – Et puis tu sais ce qu'on dit : « Un vieillard qui meurt, c'est une bibliothèque qui brûle ! »

NORBERT. – Tandis que quand c'est un imbécile qui meurt, c'est une émission de TF1 qui disparaît !

NICOLE. – Oh ! c'est malin ! Et puis au moins, on saura enfin si Dieu existe… Oh ! s'il existe, je me demande ce qu'il me dira !

MARIE-FRANCE. – Moi, je sais ce qu'il me dira : « Ma chère Marie-France, je ne vous ai pas souvent vue à la messe. »

NORBERT. – Moi, j'aimerais qu'il me dise que la consommation de cannabis est obligatoire au paradis ; parce que là-haut, c'est ma femme que je vais retrouver pour l'éternité, et ça, ça ne va pas être une sinécure !

NICOLE. – T'es dur quand même, et puis l'air de rien tu penses que ça a été facile pour elle d'être avec un gamin pendant quarante ans ? À t'entendre, on n'imagine pas que tu as vécu de bons moments avec elle !

NORBERT. – Oui, je l'ai connue à vingt ans, on a eu dix ans de bonheur ; si je l'avais éliminée à trente ans, crime passionnel, je prenais quinze ans ferme… À quarante-cinq ans, j'étais un homme libre !

NICOLE. – Mais vous vous êtes quittés à soixante, c'est la preuve que tout n'allait pas si mal…

NORBERT. – Mais à soixante ans, y a un truc qui fait que la vie de couple devient un enfer.

NICOLE. – Quoi donc ?

NORBERT. – La retraite ! Parce que quand t'es jeune, ta femme, tu l'as épousée, mais tu ne vis pas tout le temps avec, t'as des moments pour toi, les journées au boulot avec les collègues… À la retraite, on est tout le temps ensemble !

MARIE-FRANCE. – C'est vrai que c'est à la retraite que les couples apprennent enfin à se connaître. Avant, tu passais tes journées au travail, t'avais des activités sans l'autre, et enfin, le jour où tu payes ton pot de départ en retraite, la porte de ton foyer se referme sur toi, t'apprends à connaître l'autre, celui à qui t'avais dit « oui » devant M. le maire, sans savoir qui il était vraiment, et là, tout d'un coup, faut apprendre à le supporter, et ça va durer tous les jours de toute ta vie… Tu comprends pourquoi j'ai choisi de ne pas m'engager sur la pente savonneuse du mariage !

NICOLE. – Parle pour toi ! Moi, mon Grégoire, j'ai su tout de suite qui il était, et on s'est aimés.

NORBERT. – Pareil : moi, dès le début, ma Marthe, j'ai su que c'était une emmerdeuse, mais c'était plus fort que moi, aussi acariâtre qu'elle a pu être, pour les quelques instants de bonheur vécus avec elle, notre union je ne la regretterai jamais.

MARIE-FRANCE. – Si je comprends bien, le mariage c'est gérer à deux des problèmes qu'on n'aurait jamais eu tout seul !

Scène 5

MARIE-FRANCE, NORBERT, NICOLE, LA VOISINE

Une jeune femme passe dans le hall.

LA VOISINE. – C'est pas vrai, vous êtes encore là à squatter les couloirs ! Il n'y a plus un seul de mes amis qui ose pointer le bout de son nez dans l'immeuble, vous gênez tout le monde, et puis ce soir, soyez gentils de garder l'endroit calme, je révise ! J'ai des examens, moi !

MARIE-FRANCE. – Ben, révise et ne nous emmerde pas ! Tu penses que tu seras moins bête quand t'auras ton diplôme ?

NORBERT. – Moi aussi, j'ai un examen demain, et je n'embête pas le monde !

MARIE-FRANCE. – Toi, un examen ?!

NORBERT. – Oui, un examen d'urine !

NICOLE. – Oui, même que Norbert, il a toujours de très bonnes notes avec son taux d'albumine élevé.

LA VOISINE. – Non, mais on ne vit plus dans le calme, plus personne n'ose s'aventurer dans ce hall !

NICOLE. – Faut dire qu'avec tous ces vieux qui traînent, les jeunes ne sont plus en sécurité.

LA VOISINE. – Non, mais c'est vrai, quoi ! Il y a suffisamment d'activités pour les personnes âgées pour ne pas venir embêter le monde ! On ne peut plus rien faire, vous vandalisez tout ! Hier, le jeune homme du quatrième a reçu une bombe à eau dans la figure !

MARIE-FRANCE. – D'abord on ne dit pas « personnes âgées », on dit « seniors » ! Et ensuite, c'était pas une bombe à eau, c'était la poche d'urine du père Castain !

NICOLE. – Senior, c'était le nom de mon chien, j'ai dû le faire piquer, il était vieux et faisait pipi partout dans la maison, comme le père Castain !

NORBERT. – Ben, la senior, fais attention quand ton beau-fils t'amènera te faire vacciner contre la grippe, qu'il n'en fasse pas de même !

NICOLE. – Ah ! c'est malin !

LA VOISINE. – Le maire passe demain, je vous promets que cette histoire ne restera pas sans suite.

MARIE-FRANCE. – C'est ça, bonne nuit ! Et bonne chance pour ton examen…

Musique : « Satisfaction » des Rolling Stones.

Scène 6

LE VOISIN, *sortant de chez lui.* – Oh là là ! Non, mais regardez-moi ce bordel ! C'est pas possible ! Ça ne respecte rien ! *(La voisine arrive à son tour sur le palier.)* Déjà debout ?

LA VOISINE. – Ben non, pas encore couchée, avec le bazar qui a duré toute la nuit !

LE VOISIN. – Non, mais voyez ce binz ? Ça n'est plus possible, ils ont transformé ce palier en décharge municipale !

LA VOISINE. – Oui, la ligne rouge a été allègrement franchie, mon partiel va être un fiasco, impossible de réviser de toute la nuit. Ils ne l'emporteront pas au paradis !

LE VOISIN. – M'en parlez pas ! J'avais, ce matin, un rendez-vous d'affaires très important, j'y suis allé, pardonnez-moi l'ex-pression, la tête dans le cul. Y en a ras le bol !

LA VOISINE. – Je vous comprends. Il faut vraiment trouver une solution, j'ai les nerfs à vif!

LE VOISIN. – C'est pas pour être méchant, mais j'en arrive à espérer une bonne petite canicule!

LA VOISINE. – Vous êtes caustique! Mais plus sérieusement, le maire arrive, on ne peut pas laisser passer.

LE VOISIN. – Ah! mais il va m'entendre le maire! Pas de souci : il a voulu s'engager, être aux affaires, à lui d'agir. Et fini de nous prendre pour des truffes on a été patients, là; c'est ras le bol, ou alors on fera la loi nous-mêmes!

LA VOISINE. – Calmez-vous! Les milices locales, on sait où ça mène.

LE VOISIN. – Oui, à l'ordre et au respect! Ils verraient si c'était moi aux affaires, les croulants délinquants!

LA VOISINE. – Oui, enfin bon, en attendant, je vois le maire qui arrive.

Scène 7

LE MAIRE. – Bonjour, madame. Bonjour, monsieur. Ah oui, en effet, c'est le grand bazar ici… Qu'est-ce qui s'est passé? Une invasion viking?

LA VOISINE. – Non, juste trois parasites qui ne savent pas quoi faire de leurs journées.

LE VOISIN. – Monsieur le maire, c'est insupportable, ils passent leurs soirées ici et emmerdent le monde ! Il y a des bouteilles et des mégots qui traînent plein le couloir, et pas que des mégots de cigarettes, si vous voyez ce que je veux dire !

LA VOISINE. – J'avais une révision de partiels, pas moyen de travailler, et on peut leur demander gentiment, ils vous envoient toujours sur les roses ! Faites quelque chose, monsieur le maire, les vieux d'aujourd'hui n'ont vraiment plus d'éducation !

LE MAIRE. – Écoutez, on va tenter une médiation de plus, mais ce n'est pas gagné ; on a tout essayé, on leur a même proposé la maison de retraite, ils ne veulent rien entendre. Je ne vais quand même pas les enfermer chez eux !

LE VOISIN. – Et pourquoi pas ? Nous sommes d'honnêtes citoyens. On paye des impôts, on a le droit à la sécurité et au calme… N'oubliez pas que c'est bientôt les élections !

LE MAIRE. – Oui, euh… bon, le conseil municipal se réunit la semaine prochaine, on peut faire adopter un couvre-feu à partir de vingt-deux heures pour toute personne âgée de plus de soixante ans.

LE VOISIN. – Monsieur le maire, nous saurons nous en souvenir, qu'enfin on nettoie au karcher ce hall ! Moi, si ça continue, je vais voter pour Marine Lahyene. Elle, elle va prendre de vraies mesures pour lutter contre la délinquance sénile, elle l'a souvent dit : « Les jeunes d'abord ! »

LA VOISINE. – Marine Lahyene ! Vous ne seriez pas un peu du genre raciste, vous ?

LE VOISIN. – Pas du tout. Je n'ai rien contre les vieux, j'ai même de très bons amis d'un certain âge, mais faut quand même admettre qu'il y en a trop, on ne se sent plus chez nous.

LA VOISINE. – C'est vrai que ce sont eux qui posent le plus de problèmes, mais voter Lahyene, faut pas abuser non plus, et puis des vieux, y en a des bien et y en a même qui s'intègrent, faut pas tous les mettre dans le même panier !

LE VOISIN. – Vous voulez la paix, oui ou non ? À un moment, il faut prendre les mesures qui s'imposent, y en a marre du laxisme, on leur trouve des excuses pour tout… Et puis qui c'est qui fait vivre le pays ? Pas eux ! Eux, ils touchent leur retraite, ne font rien de leurs journées et viennent foutre le bordel. Désolé, mais je suis pour la tolérance zéro.

LA VOISINE. – Si vous pensez vraiment que c'est comme ça que vous allez régler le problème… Quand j'entends des trucs pareils, j'ai parfois honte d'être jeune !

LE MAIRE. – Bon, calmez-vous, je vais faire le nécessaire. En attendant, je décrète un couvre-feu.

LE VOISIN. – Bravo monsieur, débarrassons-nous enfin de cette racaille !

LE MAIRE. – Rentrez chez vous. Vous allez bientôt retrouver la sécurité et le calme, je prends les mesures qui s'imposent. Je vous demanderai juste de ne pas entrer dans les provocations inutiles.

Tout le monde quitte la scène, puis le voisin réapparaît.

LE VOISIN. – Dehors, les vieux ! Dehors, les vieux ! Dehors, les vieux !

Musique : « Start Me Up » des Rolling Stones.

Scène 8

LE MAIRE

Le maire est dans son bureau. Il est au téléphone.

LE MAIRE. – Allô !… Oui, monsieur le préfet… Oui, oui, je sais, ça ne peut plus durer, un véritable fléau ! Que voulez-vous que je vous dise ? Le laxisme des enfants, l'insoumission, un vrai problème, oui !… Les sondages ? Oh ! vous savez, je n'y prête que peu d'attention !… Quoi ?… Je devrais ? Oui, j'entends bien, mais… mais je ne suis pas non plus très aidé par l'État, nous perdons en effectif de gardiens de la paix… Mais je m'y attelle, je ne lâche pas l'affaire, monsieur le préfet, je pense même avec mon couvre-feu obtenir des résultats… Quoi ?… J'ai intérêt ?… Évidemment, monsieur le préfet… À bientôt, monsieur le préfet… *(Il raccroche.)* Tu m'emmerdes, monsieur le préfet ! *(Il se lève et se tourne vers le portrait du chef de l'État.)* Ô toi, le phare de mes aspirations, toi, notre maître à tous, à notre place, comment gérerais-tu les choses ? Envoie-moi un message, un signe, n'importe quoi qui puisse m'aiguiller ! *(Il attend.)* Rien ? Eh bien, merci, je me débrouillerai sans toi ! *(Il retourne à son bureau.)* Ah ! l'incontournable Google, sempiternel sémaphore du clavier, envoie-moi vers tes sites de lumière : y a-t-il un « www.maire-en-détresse.fr » ? *(Il tapote nerveusement, scrute et attend.)* Rien… Eh bien, quand les institutions et la technologie vous lâchent conjointement, il ne vous reste plus que la force spirituelle. Dieu le Père n'étant pas disponible, je dois me tourner vers un de ses saints… J'en ai toujours un près de moi. *(D'un tiroir, il sort une bouteille* *de vin et un verre.)* Saint Émilion ! *(Il se sert une rasade, qu'il boit cul sec.)* Bon, même si tu ne m'aides pas plus, tu me réconfortes… *(Il appuie sur son interphone.)* Martine, faites-moi entrer les trois fauves !

Scène 9

LE MAIRE, MARIE-FRANCE, NORBERT, NICOLE

Les trois seniors arrivent.

LE MAIRE. – Entrez, mes amis. Je vous attendais.

MARIE-FRANCE. – C'est quoi cette histoire de couvre-feu ?

LE MAIRE. – Écoutez, je savais que ça n'allait pas vous faire plaisir, mais il y a eu trop d'abus de votre part et je me vois dans l'obligation de réduire vos nuisances. Vous ne vous en rendez peut-être pas compte, mais votre conduite n'est plus acceptable.

NORBERT. – Mais monsieur le maire, y a rien pour nous dans votre bled !

LE MAIRE. – Vous plaisantez, j'espère ? Une maison de retraite, une fondation d'aide au troisième âge, un club des aînés, une association de joueurs de Scrabble et le voyage des anciens… Il vous faut quoi de plus ?

MARIE-FRANCE. – Pas un camp de concentration, en tout cas ! Un endroit où les jeunes ne décident pas pour nous qu'on y sera bien !

LE MAIRE. – Décidément, vous ne me facilitez pas la tâche… De toute façon, vous en avez assez fait ; j'ai d'ailleurs convoqué vos enfants.

NICOLE. – Ah non ! Pas les enfants !

LE MAIRE. – Écoutez, ce n'est pas de ma faute si vos enfants ne savent pas vous tenir. On a pris la décision qui s'impose. Deux choix : ou vous allez vivre chez eux, ou c'est la maison de retraite.

NICOLE. – Mais moi, mes enfants ne voudront jamais que je vive chez eux, donc ce sera la maison de retraite.

NORBERT. – Ouh là ! Moi je sais que mes enfants sont prêts à m'accueillir.

LE MAIRE. – Donc ?

NORBERT. – Donc, je préfère encore la maison de retraite !

LE MAIRE. – Nicole, il n'y a plus que vous.

MARIE-FRANCE. – Les amis, vous vous rendez compte ? La maison de retraite, le mouroir, le cimetière des éléphants, le dernier arrêt avant le terminus… On avait dit jamais !

NORBERT. – Je sais, Nicole, mais on peut faire un petit essai, il paraît que ça a beaucoup changé.

NICOLE. – Oui, y a même des écoles qui viennent nous voir !

MARIE-FRANCE. – Tu veux dire qu'en plus y a des marmots qui viennent nous casser les pieds ? T'as vraiment l'art de donner envie… D'accord, mais je vous préviens : à la première obligation de faire un tournoi de belote ou si on nous force à regarder « Des chiffres et des lettres » à la télévision, je m'évade !

NICOLE. – Mais c'est très bien « Des chiffres et des lettres » !
Qu'est-ce que tu as contre ça ?

MARIE-FRANCE. – Non, mais t'as déjà vu les publicités
qu'ils nous passent à cette heure-là ? Entre la baignoire à
portière, les appareils pour les durs de la feuille et les conven-
tions obsèques, manque plus que le déambulateur et t'as la
panoplie complète…

LE MAIRE. – Mes amis, mes amis ! Vous allez voir que notre
maison est une maison modèle, vous allez être comme des
coqs en pâte ! Vous vous y amuserez comme des petits fous !

Musique : « Le Pénitencier » de Johnny Hallyday.

Entracte

Acte 2
Scène 1

Marie-France, Norbert, Nicole

Maison de retraite. Nicole, Marie-France et Norbert sont assis, des chapeaux en carton sur la tête. Marie-France a un sans-gêne dans la bouche. Les trois sont figés, alors qu'autour il semble y avoir une ambiance de fête.

Norbert. – Le premier qui m'invite dans la farandole, c'est le coup de boule !

Marie-France souffle sans conviction dans le sans-gêne. Nicole se tourne vers elle, le lui ôte de la bouche et le jette à travers la pièce.

Nicole. – Oh ! ben quoi ? J'essaie de mettre un peu d'ambiance !

Marie-France. – Nicole, tu chies dans la colle !

Norbert. – Un verre, seulement un verre de mousseux en apéro et après, un réveillon à l'eau plate, fallait oser !

Nicole. – Et alors, elle n'est pas bonne cette eau ? C'est de l'eau minérale.

MARIE-FRANCE. – Non, c'est de l'eau municipale ! Elle a un goût de robinet !

NICOLE. – Bon, dans trois heures, il ne faudra pas oublier de se souhaiter la bonne année.

MARIE-FRANCE. – Pff ! Bonne je ne sais pas, mais elle va être longue, longue, longue, longue, longue cette année ! Cette idée de venir se perdre dans ce boui-boui, merci pour votre initiative ! Et vous avez encore été assez naïfs pour croire qu'ici c'était Buckingham Palace !

NICOLE. – Dire que la reine d'Angleterre est plus âgée que nous ! Tu crois que pour elle, ce soir, c'est aussi potage au poireau et eau plate ?

MARIE-FRANCE. – Tu parles ! Elle, c'est la fiesta jusqu'à pas d'heure ! Quitte à être vieux, autant l'être chez les grands de ce monde !

NICOLE. – En même temps, si c'est pour être obligé de porter des vieilles robes et des chapeaux qui ressemblent à des abat-jours, ça ne vaut pas le coup d'être aussi riche.

NORBERT. – Enfin, ça ne nous sortira pas d'ici ! Et puis c'est de bon goût d'avoir construit la maison en face du cimetière ! Au moins, quand on sortira d'ici, y aura que la rue à traverser.

MARIE-FRANCE. – Ça c'est ce qu'on appelle le sens pratique ! Pareil, ils ont construit le lycée juste en face du bureau de chômage.

NICOLE. – Et puis de quoi vous vous plaignez ? Moi, je m'y suis baladée dans le cimetière, eh bien j'y ai retrouvé plein de nos amis !

Scène 2

MARIE-FRANCE, NORBERT, NICOLE, LE DIRECTEUR

LE DIRECTEUR. – Alors les amis, on se plaît ici ? Vous voyez qu'on s'amuse bien ! Pour ce réveillon de Saint-Sylvestre, vous pourrez même rester debout jusqu'à minuit.

MARIE-FRANCE. – Vu l'ambiance, je pense qu'on ne tiendra pas jusque-là.

LE DIRECTEUR, *riant.* – Vous avez de l'humour, c'est bien !

MARIE-FRANCE. – Pour survivre ici, c'est même indispensable.

LE DIRECTEUR. – Vous allez vous sentir bien ici, vous allez enfin vous reposer.

MARIE-FRANCE. – Vous savez, moi, pour me reposer, j'attends l'éternité.

LE DIRECTEUR. – Décidément, Marie-France, vous êtes impayable. Sinon, nous avons une devise ici : « Le bonheur, on le trouve dans ses chaussons ».

NORBERT. – « Le bonheur, on le trouve dans ses chaussons » ? Ben, si un jour on construit un panthéon pour la connerie, je demanderai que cette devise soit inscrite à son fronton !

LE DIRECTEUR. – Par contre, si vous voulez vous amuser, Mmes Caillot et Cressonnière organisent un atelier canevas pour finir la soirée.

MARIE-FRANCE. – Du canevas ? Truc de fou !!!

NORBERT. – Ah oui ! Quand même ! Ça va être la franche déconnade ! Par contre, si ça ne vous dérange pas, je vais sortir fumer une petite cigarette.

LE DIRECTEUR. – Malheureux ! Vous n'y pensez pas !

NORBERT. – Ah si ! D'ailleurs, je ne pense qu'à ça depuis deux heures.

LE DIRECTEUR. – On ne fume pas ici, c'est formellement interdit.

NORBERT. – Bon, ben je sors prendre l'air avec un ami.

LE DIRECTEUR. – Un ami ? Quel ami ?

NORBERT. – Ben, il s'appelle… je ne sais plus… c'est… Ah oui ! Le cow-boy Marlboro ! *(Il s'installe plus loin et allume sa cigarette.)*

LE DIRECTEUR. – Et puis c'est dangereux, vous savez ce qu'on risque avec le tabac.

MARIE-FRANCE. – Je ne sais pas : avoir une haleine de chacal ?

NICOLE. – Ben non, Marie-France : le cancer, tu sais bien !

MARIE-FRANCE, *mimant Nicole*. – « Le cancer, tu sais bien ! » Nicole, tu chies dans la colle !

NICOLE. – N'empêche que si tu assistais aux ateliers du mercredi, tu apprendrais bien des choses. La semaine dernière, on a parlé du cancer du côlon.

MARIE-FRANCE. – Je sais, j'ai vu le programme. Ça fait rêver : le cancer, Alzheimer, préparer une convention obsèques et apprendre à vivre sa solitude. Que des sujets pour bien rigoler !

Le directeur. – Non, mais nous allons aussi aborder des sujets plus originaux : l'observatoire sur le bien-être du troisième âge a constaté chez les seniors une hausse des cas de suicide, nous allons donc sûrement organiser quelque chose là-dessus.

Marie-France. – Tu m'étonnes que les pensionnaires aient envie de mettre fin à leurs jours, quand on voit la vie ici ! Si vous voulez avoir du succès, je vous conseille d'intituler ça : « Suicide, comment être sûr de ne pas se louper », ça amènera du monde.

Le directeur, *riant*. – Très drôle, Marie-France ! Une vraie boute-en-train. Ça ne vous dirait pas d'animer le loto de l'Épiphanie ? Réfléchissez-y ! Bon, je vais aller faire une petite danse. À tout à l'heure. *(Il s'en va.)*

Marie-France. – Et en plus, il se fout de ma gueule ! Non, mais trop, c'est trop ! Les lotos, les thés dansants, soupe à dix-huit heures, télévision jusqu'à vingt et une heures trente et dodo, c'est pas de vieillesse qu'on meurt ici, c'est d'ennui…

Scène 3

MARIE-FRANCE, NORBERT, NICOLE

Norbert, *qui s'est rapproché*. – S'il voulait mettre de l'ambiance, fallait mettre de l'alcool, du rock'n'roll !

Marie-France. – Ben voyons ! Et des Chippendales tant qu'on y est…

NICOLE. – Des Chipenquoi ?

MARIE-FRANCE. – Chippendales ! C'est des hommes musclés qui dansent tout nus.

NICOLE. – Ah… Ah bon ?! Ça existe ça ?

MARIE-FRANCE. – Je vous préviens : faut faire quelque chose, sinon le prochain réveillon je serai dans le même état que la dinde qu'on nous a servie ce soir.

NORBERT. – Mais Marie-France, toi tu peux peut-être faire quelque chose, en 68 tu tenais les barricades, tu sais y faire ! Alors, t'attends quoi ici ?

MARIE-FRANCE. – T'as raison, on va refaire le coup de la Sorbonne… Ça va chauffer !… Retraités, retraitées ! On vous ment, on vous spolie, on vous exploite ! Il est temps de mettre fin au joug despotique d'un directeur tyrannique ! Tous avec moi !!!

NORBERT. – Oui ! Sous les charentaises, la plage !

MARIE-FRANCE. – Nous allons tout changer ! Nous vivons ici, c'est donc à nous de choisir comment on veut y vivre ! J'appelle à la révolution !

NICOLE, *criant*. – Oui, et on va aller voir les messieurs qui dansent tout nus !

Musique : « Revolution » des Beatles.

Scène 4

LE MAIRE, LE DIRECTEUR

LE MAIRE. – J'arrive à l'instant. Ma secrétaire m'a dit que c'était urgent. Qu'est-ce qui se passe, Carbon ?

LE DIRECTEUR. – Monsieur le maire, c'est l'émeute ! Ils ont dressé une barricade dans le réfectoire, ils retiennent le cuisinier en otage. La situation est grave.

LE MAIRE. – Mais qu'est-ce que vous voulez que je fasse ? Je ne vais quand même pas envoyer le GIGN ! De quoi on aurait l'air ?

LE DIRECTEUR, *poussant brutalement le maire.* – Attention ! *(Un pavé tombe à leurs pieds.)* Nicole ! Je vous ai vue lancer le pavé !

NICOLE, *off, criant.* – Mort aux vaches !!!

LE MAIRE. – Ah ! quand même ! Qu'est-ce que c'est que ce bordel, Carbon ? Où va-t-on si même dans les maisons de retraite il y a des émeutes ?

LE DIRECTEUR. – Mais ce sont les nouveaux que vous m'avez amenés ! Des bolcheviques, monsieur le maire ! Fous dangereux ! Et ils ont monté tous les pensionnaires contre moi ! Regardez… *(Il montre par la fenêtre.)* Même Mme Favreaux, habituellement si gentille, est en train de crever les pneus du con qui a garé son Scénic sur la place handicapés.

LE MAIRE. – Mon Scénic ?! *(Il court à la fenêtre)* Madame Favreaux, non, laissez mon autre pneu ! Non ! Non ! Non !!! Madame Favreaux ! Vieille bique !!! Le colis de Noël, cette année, c'est tintin ! La chienlit ! Et c'est chez moi, dans ma commune ! Mais qu'est-ce que j'ai fait pour mériter ça ? Bon, Carbon, faites quelque chose ! Avec vos âneries, je risque de perdre la mairie à la prochaine élection ! Mais je vous préviens : vous sauterez aussi !!!

LE DIRECTEUR. – On peut essayer d'organiser une médiation. Je vais entrer en contact avec les agitateurs… *(Il crie vers le réfectoire.)* On peut discuter ?

NICOLE, *off*. – Tant qu'on n'aura pas ce qu'on voudra, vous pouvez aller vous brosser ! Bourreau de vieux !!!

Un cocktail Molotov non allumé tombe sur la scène.

LE DIRECTEUR. – Planquez-vous !

Le maire et le directeur se jettent à terre.

LE MAIRE. – Non, mais ce sont de grands malades ! Vous vous rendez compte, Carbon, qu'ils vont foutre le feu ? Qu'est-ce que c'est que cet établissement ? On va en reparler, mon p'tit bonhomme ! *(Aux seniors.)* Venez ici, on va discuter !

NICOLE, *off*. – Rien du tout ! De toute façon, t'es pas mon maire, j'avais pas voté pour toi !

MARIE-FRANCE, *off*. – Nicole, calme-toi. Monsieur le directeur, on vient mais ne tentez rien,

Les trois seniors arrivent affublés de casques. Nicole a le visage caché par un masque à gaz.

Scène 5

NORBERT. – Nicole, enlève ton masque, on t'a reconnue ! *(Se tenant le bas du dos.)* Ah ! fabuleux ces petites barricades, j'ai l'impression d'avoir retrouvé mes vingt ans !

NICOLE. – Oui, enfin, à vingt ans, tu pouvais monter les barricades sans te faire un tour de reins.

MARIE-FRANCE. – Nous sommes prêts à négocier, mais je vous préviens : pas d'entourloupe. Au premier coup tordu, on ébouillante le cuisinier dans sa soupe !

NORBERT. – Et dans sa soupe, s'il ne meurt pas ébouillanté, il finira empoisonné !

LE DIRECTEUR, *à part*. – Faites attention, ils sont capables de le faire !

LE MAIRE. – J'ai cru comprendre !

LE DIRECTEUR. – Bon, Nicole, c'est la fois de trop ! Un cocktail Molotov, c'est n'importe quoi !

MARIE-FRANCE. – Ben oui, Nicole, n'importe quoi !

LE DIRECTEUR. – Vous voyez, même votre amie est d'accord avec moi !

MARIE-FRANCE, *à Nicole*. – Oui, combien de fois je te l'ai dit : un cocktail ça se lance allumé, sinon ça n'explose pas !

LE DIRECTEUR. – Monsieur le maire, je confirme : ce sont de grands malades !

NICOLE. – Mais c'est Norbert, il n'a pas voulu prêter son briquet, sinon le maire et le directeur, ils finissaient en barbecue !

LE DIRECTEUR, *se penchant vers la bouteille du cocktail*. – Mouton Cadet Rothschild grand millésime. Mais… mais… mais… c'est à moi ! Ces sagouins sont allés fouiller dans ma cave !

NORBERT. – Pas dégueu d'ailleurs ce petit jaja !

LE DIRECTEUR. – Il appelle ça un petit jaja ! Un vin à six cents euros la bouteille !

NICOLE. – Six cents euros ? Mon dieu, vous vous êtes fait avoir ! Il est périmé votre vin, il date de 1967. Regardez, c'est écrit sur l'étiquette !

NORBERT. – En tout cas, ça change de la piquette que vous nous servez à la cantine !

LE DIRECTEUR. – Je vais vous faire arrêter, moi ! Graines de bagne !

LE MAIRE. – Carbon, ça suffit ! *(Aux seniors.)* Et vous ? Vous n'avez pas honte de vous comporter de la sorte ? Si vos enfants vous voyaient !

NICOLE. – Pour ça, faudrait qu'ils viennent.

NORBERT. – Oui, enfin, mes enfants, laissez-les où ils sont !

MARIE-FRANCE. – Monsieur le maire, nous vivons ici un enfer. Si vous ne nous sortez pas de ce bourbier, je vais en référer à « Amnistie Internationale ».

LE DIRECTEUR. – « Amnistie Internationale » ! On aura tout entendu !

NICOLE. – Oui, « Amnésie Internationale », bourreau de vieux !

LE MAIRE. – Du calme, du calme… Mais enfin, vous n'êtes pas bien ici ?

MARIE-FRANCE. – Si, bien comme une vache dans un abattoir.

LE MAIRE. – Bon, on va dépatouiller tout ça. Expliquez-vous, on va trouver un arrangement.

NORBERT. – Mais c'est le bagne ici ! *(Il montre le directeur.)* Ce type est un tortionnaire ! Il a même privé Mme Brochard de yaourt !

LE DIRECTEUR. – Mais monsieur le maire, elle avait mordu l'infirmière !

NORBERT. – Avec ce que vous lui donnez à manger, elle n'a pas eu le choix ! On n'avale que des potages, faut bien qu'elle se fasse les dents, Mme Brochard.

MARIE-FRANCE. – M'en parle pas ! Ici on a perdu l'habitude de mâcher.

LE DIRECTEUR. – Vous auriez vu le bras de Mlle Dubart, la pauvre, elle a dû se faire vacciner contre la rage !

NORBERT. – C'est bien la première fois que quelqu'un mange de la viande dans cette baraque.

LE DIRECTEUR. – Non, mais…

LE MAIRE. – Taisez-vous, Carbon, et laissez-moi faire ! Peut-on discuter entre gens raisonnables ? Bon, quelles sont vos revendications pour la libération du cuisinier ?

NICOLE. – On veut aller voir les danseurs tout nus.

LE MAIRE, *effaré*. – Les quoi ?!

MARIE-FRANCE. – Non, Nicole, attends, laisse-moi négocier, sinon M. le maire ne va pas tout comprendre. *(Au maire.)* Alors, les Chippendales pour Nicole, un baby-foot pour Norbert.

LE DIRECTEUR. – Un baby-foot ? Mais qu'est-ce qu'on va faire d'un baby-foot ? Et puis c'est pour les jeunes !

NORBERT. – Et alors ? Vous, dans votre bureau, vous avez bien une bibliothèque, et pourtant c'est pour les gens cultivés !

LE DIRECTEUR. – Non, mais où voulez-vous que je vous le mette ce baby-foot ? Monsieur le maire, vous n'allez pas…

LE MAIRE. – La ferme, monsieur Carbon ! J'essaye d'arranger vos bidons… C'est tout ?

LE DIRECTEUR. – J'aurais dû prendre la direction de la crèche ! C'est quand même moins pénible, les bébés !

MARIE-FRANCE. – On veut aussi pouvoir fumer dans les locaux.

LE DIRECTEUR. – Mais, monsieur le maire, c'est de la marijuana qu'ils fument ! Mme Pinson, qui a quatre-vingt-neuf ans, y a goûté, on l'a retrouvée au fond du bassin en train d'essayer de discuter avec les poissons rouges ! Si le concierge n'était pas arrivé à temps, elle finissait noyée !

Les trois seniors pouffent de rire.

LE MAIRE. – Pour la drogue, c'est non ! Et puis on ne peut pas fumer dans un espace public, vous comprenez, c'est une question de vivre ensemble.

MARIE-FRANCE. – Si c'est une question de vivre ensemble, interdisez aussi à Mme Chauffret d'avoir des gaz quand on est à table… Parce que l'odeur, ça vaut bien la fumée de Norbert !

NICOLE. – Sauf que les gaz de Mme Chauffret, ça fait pas planer !

LE MAIRE. – Bon, là n'est pas le sujet. On va étudier vos doléances.

MARIE-FRANCE. – Je n'ai pas fini : j'exige qu'on ait le droit de sortir jusqu'à vingt-trois heures et sans limitation le soir pour l'extinction des feux.

LE DIRECTEUR. – Ça c'est impossible, c'est le règlement, il a été voté en conseil d'administration.

MARIE-FRANCE. – Ce n'est pas tout : on veut la démission du directeur.

LE DIRECTEUR. – Quoi ?! Non, mais je rêve !

MARIE-FRANCE. – On veut que cette maison de retraite devienne un espace autogéré par les habitants eux-mêmes. On appellera ça : « La communauté de l'âge d'or ».

NORBERT. – « La communauté de l'âge d'or », y a pas, ça en jetterait !

LE MAIRE. – Bon, soyons méthodiques ! Le baby-foot et l'autorisation de vingt-deux heures, c'est un bon début ?

NICOLE. – Et les hommes tout nus !

LE MAIRE. – Le baby-foot, sortie vingt-deux heures et… les hommes tout nus. Contre ça, vous nous rendez le cuisinier ?

MARIE-FRANCE. – Contre ça, on vous le rend mais en morceaux : le compte n'y est pas.

NORBERT, *admiratif.* – Quelle négociatrice !

LE DIRECTEUR. – Non, mais monsieur le maire, vous n'y pensez pas ! Les Chippendales… On risque l'hystérie collective ! Et j'ai des dames cardiaques, moi, ici !

LE MAIRE. – Attendez, Carbon, je fais mon possible.

MARIE-FRANCE. – Y a bien une solution : on revoit le règlement intérieur.

LE DIRECTEUR. – Impossible, il a été décidé par le conseil d'administration.

MARIE-FRANCE. – Justement, le conseil d'administration, il ne vit pas ici, nous oui ! La moindre des choses c'est qu'on puisse décider par nous-mêmes comment on veut vivre.

LE MAIRE. – J'avoue que c'est un bon compromis… Et vous, monsieur Carbon, ça sauvera votre maison.

LE DIRECTEUR. – Pas le choix, je m'incline. Je vais en aviser le conseil, et on va travailler ensemble le nouveau règlement… Mais je vous préviens : pas de fantaisies !

Musique : « Les Vieux » de Jacques Brel.

Scène 6

Les trois amis préparent activement leur journée, Marie-France fait de la couture, Nicole repasse et range le linge, et Norbert met la table. Entre le directeur.

LE DIRECTEUR. – Ah! mes amis, enfin! Vous êtes des pensionnaires modèles! On y est arrivé! Vous savez que j'en ai bavé avec vous… Mais là, vous préparez quoi?

NICOLE. – Demain midi, nos enfants viennent nous rendre visite; nous souhaitons donc que tout soit parfait pour leur passage.

MARIE-FRANCE. – Tu as pensé aux bonbons pour les petits-enfants?

NORBERT. – J'y ai pensé! J'ai même prévu un bordeaux grand cru pour le beau-fils de Nicole, et il ne vient pas de votre cave, monsieur le directeur!

MARIE-FRANCE. – Dépêchez-vous que tout soit prêt et que nous soyons couchés avant vingt-deux heures.

LE DIRECTEUR. – Ah! que de changements depuis votre arrivée ici! Je ne vous reconnais plus.

NICOLE. – Oh! vous savez, on n'est pas bien difficiles, et puis les hommes tout nus qui viennent danser tous les mois, c'est trop, monsieur le directeur!

LE DIRECTEUR. – Mais non, mais non, rien n'est trop beau pour mes pensionnaires modèles… Ah ! que cette maison respire le bien-être et le calme !

MARIE-FRANCE. – Mais, monsieur le directeur, c'est bien votre ouverture d'esprit qui nous a permis de si bien nous entendre ! Finalement, vous êtes bien gentil.

NORBERT. – Nous on n'est pas des monstres, mais il faut juste nous écouter et nous respecter, vous avez su le faire !

LE DIRECTEUR. – Ah ! je ne sais que dire ! Cet endroit est devenu un havre de paix, c'est le carrefour de l'harmonie suprême, le nirvana de la convivialité, le firmament du vivre ensemble ! J'ai fait le rêve d'un monde où les petits vieux passent de belles journées dans la douceur exquise d'une maison modèle, où chaque instant se fige comme le gel sur la branche aux premiers tressautements de l'hiver, comme le prisme gracieux de l'arc-en-ciel, sur l'horizon, quand un soleil brûlant a été assagi par la pluie, comme le… *(Il se met à pleurer.)*

NICOLE. – Oh ! c'est encore les restes de votre dépression… Ça s'arrange quand même ? Le Prozac agit ?

LE DIRECTEUR. – Oui, mon psy m'a dit que c'était normal que je puisse avoir quelques petites rechutes.

NORBERT. – Ben, avec le bordel qu'on a fait, on pensait pas qu'on allait vous arranger comme ça, nous ! En fait, vous êtes un grand émotif.

LE DIRECTEUR. – Non, Norbert, ne culpabilisez pas. Je n'ai pas été à votre écoute, j'ai été un vilain, un très vilain directeur, un méchant garçon…

Les trois seniors se retiennent de rire.

MARIE-FRANCE. – Eh ben, alors ? On ne se laisse pas aller, on est un grand gaillard, hein ?

LE DIRECTEUR. – Oui, vous avez raison ! Je suis ridicule. Je vous promets de ne plus recommencer. J'ai été un vilain gar… *(Il se remet à pleurer.)*

NORBERT. – Ah non ! Tu ne vas pas recommencer !

LE DIRECTEUR. – Pardon, pardon ! Je me reprends. *(Il prend une grande inspiration.)* Voilà, pfou ! c'est fini, fini !

NICOLE. – Eh bien, voilà, il va mieux, on dirait ! Il faut que vous vous en remettiez, surtout qu'on vous l'a promis, on ne fera plus de révolution.

LE DIRECTEUR. – Oui, merci, plus de révolution, plus de révolution ! Je sais, vous me l'avez promis. Comme c'est gentil de me l'avoir promis… En tout cas, je ne manquerai pas de signaler à vos enfants à quel point votre conduite est exemplaire, de vrais pensionnaires modèles. Vous voyez, on a fini par y arriver… Bon, je dois me sauver. Je pourrai dès lundi annoncer à M. le maire que tout se passe pour le mieux dans notre établissement, il en sera ravi. Allez, bonne nuit ! Et soyez sages. *(Il sort.)*

MARIE-FRANCE, *après avoir vérifié qu'il est bien parti.* – C'est ça ! Au dodo à dix heures, c'est toi qui rêves, Prospère ! *(Elle se penche.)* Il est parti ?

Nicole hoche de la tête. Tous se précipitent. Norbert enlève les assiettes et pose trois verres sur la table. Nicole sort de son linge une bouteille de whisky et Marie-France, de sa boîte de couture, sort une cigarette qu'elle allume en savourant.

NORBERT. – Non, mais il croyait quoi le benêt ? Des prisonniers modèles ? Compte là-dessus et bois de l'eau fraîche !… Sinon, vous ne trouvez pas que ça manque un peu de musique ici ?

NICOLE. – Norbert, dans le nouveau règlement, tu t'es engagé à ne plus passer les Rolling Stones après vingt-deux heures.

NORBERT. – C'est vrai, j'ai promis. *(Il soupire.)* Mais pour les Beatles, j'ai rien dit du tout.

Il place son CD dans le lecteur et l'on entend « Help ! » des Beatles.

Imprimé à la demande par Books On Demand GmbH, Bad Hersfeld, Allemagne

4e trimestre 2014
1re édition, dépôt légal : novembre 2014
N° d'édition : 20152
ISBN : 978-2-84422-965-6